Die Meerjungfrau Mona,

ein Märchenspiel für Feenmenschen

Frederick A. Dixon

Writat

Diese Ausgabe erschien im Jahr 2023

ISBN: 9789358812022

Herausgegeben von
Writat
E-Mail: info@writat.com

Inhalt

SZENE I. ....- 1 -
SZENE II. Coquettinas Cottage. ....- 15 -
SZENE III. DER WALD DELL. ....- 24 -

SZENE I.

Höhle an der Meeresküste bei Mondschein. — Öffnung in Felsen im Hintergrund, die das Meer zeigt. — Die Wellen steigen und laufen in die Mündung der Höhle. — Einführende Musik, die den Sturm beschreibt; Hinten ist Donner zu hören. — Die Musik geht allmählich in sanfte, gemessene Luft über, während sich der Vorhang hebt. — Prinz Doodle wird hinten auf Felsen liegend entdeckt. RC, als ob sie von den Wellen hochgeworfen würde. — Treten Sie ein, indem Sie Mona öffnen. — Sie kommt herab und kämmt ihr Haar mit einem goldenen Kamm durch Folgendes : —

MONA. Was für eine schreckliche, stürmische Nacht steht uns bevor,

Es ist gut für mich, ich habe nichts gegen ein Einnässen!

Volle fünf Klafter unter diesen Wellenkämmen

Keine Stürme erschüttern *unsere* Korallenhöhlen.

Weit unter dem Meer hören wir keinen Donner;

Der Treffpunkt der Meerjungfrauen ist immer noch so, wie er nur sein kann;

Tatsächlich ist es dort unten manchmal ziemlich langweilig,

Und so komme ich hierher und kämme meine Haare.

(Bewegt sich nach hinten.)

Heute Abend, leider! ein anderes Schiff ging unter,

Ich kann es nicht ertragen, arme Seeleute ertrinken zu sehen.

(Sieht PRINCE DOODLE *.)*

Ach du meine Güte! Was ist das? Während ich lebe,

Es ist ein Mann! Ich weiß es ist!

(Tritt hastig auf den Felsen, als wollte er ins Meer stürzen.)

Ich werde tauchen!

Das werde ich nicht! *(kommt herunter)* Das werde ich! *(geht nach oben)* Nein!

(Zögert.) Soll ich? Wird es beißen?

Es ist kein Hai? *(Geht hoch und guckt, kommt zurück und hält*

Hand ans Herz.) Es hat mich erschreckt.

Mona! du dumme Gans! Dieses Herzklopfen

Ist vielleicht seltsam, aber kein schlechtes Gefühl.

Mir gefällt es eher. Ist es Angst? Keine Frage!

Ich habe keine Angst! Vielleicht ist es eine Verdauungsstörung?

Ich werde noch einmal einen Blick darauf werfen.

(*Geht auf Zehenspitzen zu* PRINCE *und entfernt sich schnell und klatscht in die Hände.*)

Er ist wirklich bezaubernd!

Wenn ich ihn mit nach Hause nehmen könnte , würde ich das sehr gerne tun.

Wie schön wäre es, mit ihm zu spielen! Soll ich es versuchen?

Er schläft tief und fest! Ich bin sicher, er würde nicht sterben.

(*Versucht ihn aufzurichten. Er stöhnt.*)

Seine Kleidung ist nass, vielleicht hat er auch Schiffbruch erlitten.

(PRINZ *setzt sich langsam auf und hält seine Hand an seiner Seite.*)

Guten Abend, mein Herr. (*Knicksend* .)

PRINZ DOODLE. Guten Abend. Wie geht es dir ?

(*steht mühsam auf und tritt vor.*)

Wo bin ich? Wer bist du? Was ist das? (*Spürt Wasser.*) Es ist Wasser!

MONA. Das ist die norwegische Küste und ich bin ihre Tochter.

Junger Herr, Sie sind nass! dein Mantel--

Könnte ein besseres sein.

Ich bin *jung* ; aber trotzdem wirst du hier kein *nasseres* 'un finden.

MONA. Erzähl mir deine Geschichte, denn Geschichten, die ich sehr liebe.

PRINZ DOODLE. Geschichte; Warum segne dich! Ich habe nichts zu sagen;

Erst letzte Nacht, als ich auf dem Meer segelte,

Es gab einen Sturm, zumindest habe ich eine Ahnung.

Es hat gestürmt! es hat geplatzt! Es hat geregnet! der Blitz ist eingeschlagen!

Wir schlugen und rollten (*imitierten die Bewegung eines Schiffes*) und warfen, der Donner zuckte;

Der Wind erhob sich und heulte, und wir auch.

MONA. Das ist sehr seltsam!

PRINZ DOODLE.   Die Dinge liegen oft auf See.

„Schneiden Sie die Steuerbordstage ab ! " rief ich. Dann

„Spleißt den Klüverbaum dort an die Querbäume, Männer!"

(*Spricht aufgeregt, passt die Taten den Worten an und benutzt die Hände als Sprechtrompete* .)

to'galant- Botenanker zu hissen !

Probieren Sie doch einmal die Wetter-Lee-Spigatten, meine Lieben!

Lasst die Besankanzel im Lauf laufen!"

MONA. (*klatscht vor Freude in die Hände.*)
Ich höre dich gern reden. Mach weiter! Was für ein Spaß!

PRINZ DOODLE. (*Anwiderung über die Unterbrechung.*)
Das ist alles.

MONA. (*Enttäuscht.*) Das ist nicht das Ende?

PRINZ DOODLE.   „ Twon't take a minute . "
Das Schiff geriet ins Wanken; und – ließ uns darin zurück.

Dann klammerte sich die Besatzung von fünfundvierzig Mann an einen Hühnerstall;

MONA. Sie sind ertrunken? (*faltet entsetzt die Hände.*)

PRINZ DOODLE. Oh, überhaupt nicht; sie sind alle am Leben.
Sie flogen davon.

MONA.   Welche Männer!

PRINZ DOODLE.   NEIN; Gänse, meine Liebe!

Ich bin eher gemischt. Vielleicht ist mein Kopf seltsam.

Hören Sie zu, und ich werde eine erschütternde Geschichte entfalten –

MONA. (*Zurückschrumpfen*)

Ah! Nicht!

PRINZ DOODLE.   Eine Geschichte für fr -rrr- eeze ——

MONA.   Oh je!

PRINZ DOODLE.   Dein Mark!

PRINZ DOODLE. (*Lauter Akkord und Tremulo- Musik durch Folgendes.*)

Ich habe einen Onkel!

MONA.   Sicherlich keine Seltenheit.

PRINZ DOODLE. Vor einigen Jahren ging es meinem armen Papa schlecht;

Er legte sich in sein Bett und starb – sagt man höchst seltsam.

Mein Onkel handelt mit Magie? Wir sehen uns?

MONA.   Deutlich!

PRINZ DOODLE. Meine Eltern sind weg, der scheinbare Erbe war ich!

Um den Thron zu besteigen, wünschte er, dass ich sterbe.

Und dann, weil ich nicht verstehen konnte, warum er,

Anstelle von mir sollte der König der Nation sein;

Er schickte mich allein weg, um zu *sehen* ,

Allein, sagte ich! nicht so! los war ich

Mit vierundvierzig Gänsen vor dem Mast!

Seine Abschiedsworte waren diese: „Kehre zurück, mein Lieber,

(Natürlich war das Ganze nur ein Spott und ein Spott)

Wenn du das Herz einer Meerjungfrau in der Hand hältst,

Und vierundvierzig Männer stehen vor mir,

Anstelle all dieser Gänse schicke ich als Besatzung.

„Bis dahin –" O Reservoir!" Mein Junge! Adieu!"

MONA. Oh! Was für ein schrecklicher Mann!

PRINZ DOODLE.   Er hat meinen Bruder ergriffen;

Und geschworen, dass wir uns nie wieder sehen sollten

Bis ich diese Meerjungfrau treffen sollte, so nett,

Und dann wird ein Berg voller Diamanten gefunden.

Die Sache ist absurd! Hier gibt es keine Meerjungfrauen,

Mein Onkel hat das *geworfen* ; Ich bin völlig *aus* dem Häuschen!

MONA. Der Diamantberg des Gnomenkönigs, siehe

(*Zeigt L.*)

Es ist voller Diamanten: so voll, wie es nur sein kann.

PRINZ DOODLE. Was sagst du da? Dieser Berg! Es ist alles Rock.

Diamanten drin! Ach, komm! Du spottest nur!

Ich würde gerne meinen Bruder sehen –

MONA.   Wie heißt du?

PRINZ DOODLE. Oh! Ich bin ein Prinz, Prinz Doodle.

MONA.   Schade!

PRINZ DOODLE. Mein Königreich liegt in Cockagne , das müssen Sie gehört haben

Von Cock-a-Doodle-Do. (*Sie schüttelt den Kopf.*) Dieser edle Vogel

War ein entfernter Vorfahre. In der Tat,

Unseren Stammbaum von Darwin können Sie nachlesen.

MONA. Ich habe nie lesen gelernt. Bleiben! (*legt die Finger an die Stirn*) Mir dämmert es,

Eine Vorstellung (*triumphierend*), dass die Menschen dort leben „ *en Prince?* "" (*aussprechen „auf Garnelen."*)

PRINZ DOODLE. (*Beiseite.*) *Eine* verdächtige Vorstellung! (*Laut.*) Nein, meine Liebe, auf *Garnelen* !

Deine Freunde?— Sie sind?——

MONA.   Meerjungfrauen.

PRINZ DOODLE.   *Wasser –* „ *Nimps ?* "

Warum *was für ein – (schaut zu ihren Füßen) Schwanz* ?

Verzeihen Sie die Beobachtung,

Gibt es in Ihrer Formation nicht etwas Seltsames?

(*Zögernd.*) Du trägst keine Stiefel und Schuhe? (*beiseite*)

Ah, das ist eine Lösung!

sie natürlich *nicht !*

MONA.   Warum nicht? Meine Nummer ist „ Sechser " . "

Sie haben noch nie von *Seezungen* und *Aalen gehört* ?

PRINZ DOODLE.   Ja, gebraten!

MONA. *Um* unsere Grotten herum *verstecken* sich *Seepferdchen* . _

Für *Rinde* – Sie haben das „Stöhnen der *Gefesselten* " gehört.

Und *aus Fell* und *Rinde* wird Leder, oder?

PRINZ DOODLE.   Natürlich!

(*Beiseite.*) Ich habe meinen *Albtraum* bis zu seinem *Seepferdchen zurückverfolgt* ;

Eine Meerjungfrau! Hier ist meine Chance! (*Laut.*) Liebes Ich! Wie blöd!

(*Beiseite.*) Jetzt hilf mir, Venus!

MONA. (*Überhitzung beiseite.*) Venus! Er muss Amor sein!

Warum ist der Junge gewachsen! (*Laut.*) Ist sie deine „Ma"?

PRINZ DOODLE. Ach, süßes Dienstmädchen! Ich bin eine Waise! (*seufzt*) Ah!

Da wir nie einen *Elternteil haben* , sind wir auch ein *Paar* .

MONA. Du hast mein Mitgefühl, was kann ich tun!

(*Beiseite, die Hand ans Herz haltend.*)

Liebe mich! Dieses seltsame Gefühl ist wieder da!

PRINZ DOODLE.   **Sehen Sie,** Ihr Mitgefühl *lindert den Schmerz* eines Waisenkindes .

Meine *Liebe, Mädel* !

MONA.   Dein *Glas* würde ich reparieren, Prinz, aber ich Bedauere, dass ich weder *Zement* noch Spachtelmasse habe.

PRINZ DOODLE. Sag mal, könntest du lernen zu lieben?

MONA. (*Unschuldig.*) Du bringst mir deinen Weg bei?

PRINZ DOODLE. Es ist klar! Zweifellos ist es in Norwegen ähnlich.

(*Er legt den Arm um ihre Taille und will sie küssen, als er L. ansieht* .)

Sehen! Da drüben kommt ein *Norse -Mann* auf *einem Orse* !

MONA. Oh! Lass uns fliegen! Der Gnomenkönig!

PRINZ DOODLE.   Fliege! Natürlich.

Wenn du mit mir fliegst, Liebes, werden wir uns nie trennen.

MONA. (*Beiseite.*) Ich habe gerade entdeckt, dass ich – ein Herz habe!

(*Gehen Sie durch die hintere Öffnung. RUE tritt ein. LE: Der* ZWERGENKÖNIG *auf einem Schaukelpferd, begleitet von* ROOSTER THE AUDACIOUS , GENERAL BOUNCE *und* CAPTAIN POUNCE .)

GNOMENKÖNIG. Wow! Bleib ruhig, Junge! Hier, nehmt dieses Biest weg

Und seine schimmeligen Rippen mit altem Heu stopfen.

(*Verlassen Sie die RUE.* KAPITÄN POUNCE *mit Pferd; er kehrt zurück*

Vorderseite) Das einzige Ross in unserem gesamten königlichen Stall;

Wir würden ein Dutzend behalten, wenn wir nur könnten.

Die Zeiten sind hart und aus den Fugen geraten, das ist klar.

Wir haben selbst keine *Joints mehr* – und Bier,

Ha! Ha! (*zu* HAHN .) Warum kannst du nicht lachen? Ha! Ha!

HAHN , (*schwach*)   Er! Er!

G. KÖNIG. Was bedeuten diese Blicke? Du bist sehr ernst, wie ich sehe.

Nun, kommen wir zum Geschäft. Was sind das alles für Dinge?

Wir wollen etwas Geld, unsere Roben sind in Fetzen gerissen.

(setzt sich auf einen Felsen. R.)

Lasst uns das Schlimmste hören. Erstellen Sie schnell Ihr Budget!

Bringen Sie Lichter mit! Beten Sie, was ist der Preis für Kerzen, *Stock* ?

(HAHN *beiseite.*) Es ist keine Kerze mehr übrig. (*laut*) Es ist fast Morgen.

(*beiseite*) Was soll ich sagen. (*laut*) Herr, sehen Sie, der Tag dämmert.

(*Die Bühne wird allmählich hell.*)

G. KÖNIG. Wie geht es der Staatskasse?

ROOS .   Leer.

G. KÖNIG.   Lagern Sie es.

ROOS . Ich habe achtzehn Pence, Sir, in meiner Westentasche.

Es ist ziemlich klar, dass wir die Steuern erhöhen müssen.

GK Wir werden die Gnome jeder Konfession besteuern.

ROOS . Sie sind bereits besteuert, Sir, Groß- und Einzelhandel.

GK Besteuern Sie sie noch mehr.

ROOS .   Aber wie?

GK   Nun, das ist ein Detail.

Steuern. Besteuern Sie alles und jeden Körper ,

Toffee und Becher, Eis und Whiskey.

Steuern Sie Leute, die fischen – für Komplimente oder Lachs.

Erheben Sie Steuern auf ihre Hühneraugen für den Abschuss.

ROOS .   (*beiseite*) Schinken.

Du scherzt gerne. Die Lage ist ernst.

GK Und ich auch. Ich meine es ganz ernst, Sklave.

Dann besteuern Sie die Luft, die sie atmen, die *Luft,* die sie hören,

Und ihre Frauen besteuern, es ist richtig, dass *sie lieb* sein sollten .

Steuern Sie alle Austern, Sprotten und Wale, die sie als Haustiere halten.

Besteuern Sie sie für Essen, Trinken und Schlafen.

Besteuern Sie sie außerdem für ihr Lachen, Singen und Weinen.

Färben eine hohe Steuer auferlegt .

Steuern Sie die Lebensmittel und den Treibstoff des Landes,

Von Schildkrötensuppe bis hin zu Grütze für Babybrei.

Bleib, hier habe ich es! Warum, natürlich, ihr Gabies

Mit einer Steuer auf Babys würde man ein Vermögen verdienen.

ALLGEMEINER SPRUNG. (*zögernd*) Können wir nicht sparen , das ist mein Vorschlag,

Was ist Toby und was ist nicht Toby, ist die Frage?

GK Na, wie geht es der Armee? Können wir es kürzen?

Sixpence bis zu einer halben Krone machen?

G. BOUNCE. Ein General (*zeigt auf sich selbst*) und ein Hauptmann der Streitkräfte.

(*Zeigt auf* CAPTAIN POUNCE .)

Ein ineffizientes Personal, Sir, das ist natürlich so;

Von Kavallerie haben wir keine.

GK   Der „ Ryle Artileree ? ”

GB platzt auf.

GK   Die Infanterie?

GB   Alles hier sehen Sie.

(*Betreten Sie* NOODLE , *als vollständiger Privatmann, Spielzeugpistole, mit Bajonett befestigt.*)

Aber er ist ein ganz Großer. Bitte erwähnen Sie nicht die Halbierung;

Es tut mir leid, das sagen zu müssen, aber die Armee –

NUDEL. (*Grablich* .)   Verhungern!

GK Hier ist Aufstand! Meuterei! Revolte!

Ich habe keine Angst, aber vielleicht flüchte ich besser.

(HAHN , GENERAL *und* KAPITÄN *rennen davon, R.*)

GK Hier, Offiziere, auf eurem Treuebeweis,

Beschütze jetzt deinen Monarchen, renne nicht weg!

(*Läuft von R.*)

NUDEL.   (*C. stützt sich auf die Waffe.*)

Ich muss zugeben. Ich denke, es ist ziemlich schwer.

Seit sechzehn Wochen bin ich hier und wache auf.

Ich habe nichts außer einer Käseschale gegessen,

Und das wird einem Mann nicht helfen, „ruhig zu bleiben“.

Ich komme nie in Unordnung, sondern in *Unordnung* ,

Der Joint des Generals ist, wenn *er die* Liebe anzieht .

Das ist nicht das Schlimmste; Es ist mehr als ich ertragen kann,

Den kleinen Bettler schreien zu hören: „Bilde ein Quadrat!“

Eins zu vier, geht nicht. Er sagt, dass es so sein wird.

Ich weiß, nichts dringt in *mich ein, außer Bohren* .

Von morgens bis abends hat er mich auf meinen Beinen,

Er wird sie abtragen, „so sicher wie Eier Eier sind.“

Er spricht von „ *Flügeln* “, als wäre ich ein Vogel.

„Bei deinem linken Rad!“ er weint. Die Sache ist absurd.

Ich würde gerne wissen, warum ich ein *Rad kaufen sollte* !

Wenn ich Bargeld hätte, würde ich mir eine Mahlzeit kaufen.

Ich werde zuschlagen. Am Ufer entlang mache ich einen Spaziergang,

Vielleicht sorgen die Wellen für ein schönes frisches Brötchen.

Eine Hexe sagte voraus, dass ich hier meinen Bruder treffen würde.

Leider fürchte ich, wir sollten uns nicht kennen.

Ich werde eine Tafel aufstellen, das reicht zur Verdeutlichung.

(*Nimmt ein Stück Brett und schreibt mit Kreide darauf.*

„ *Dein Bruder, ich höre, wie du kaufst.*

Mit *freundlichen Grüßen*

NUDEL .“

An HERRN DOODLE . *Platziert Brett gegen Fels, RC*)

Zum Glück habe ich in der Schule buchstabieren gelernt.

(*Exit* NOODLE , *LUE*)

(KÖNIG , HAHN , GENERAL *und* KAPITÄN R. *treten vorsichtig wieder ein* .)

GB   Die Armee ist desinfiziert!

GK   Was ist der Grund?

HAHN.   Ohne *Erlaubnis weg* , er ist weg.

G. BOUNCE.   Kein *Blatt* ! Es ist *Baum* !

GK Bitte hören Sie auf mit Ihren Witzen, wir haben keine Zeit für Spaß.

Das ist ein unfreundlicher *Schnitt* , viel zu viel gemacht .

Die Armee ist weg! Sag mal, gibt es weitere Krankheiten?

HAHN. Erlauben Sie mir, Ihnen die Rechnung Ihres Schneiders vorzulegen.

(*Entfaltet eine lange Geldscheinrolle, die auf dem Boden ausläuft.*)

GK Es muss getan werden. Ein Plan, den ich jetzt entfalten werde,

Um unseren leeren Geldbeutel noch einmal mit Gold zu füllen.

Bleiben! Sind wir ganz sicher?

(*Geschäftlich; jeder geht auf Zehenspitzen zu den Eingängen rechts und links, hört zu und kehrt mit übertriebener melodramatischer Aktion zurück. Musik, sanfte Akkorde. Stacato .*)

Ein Wort! Ich liebe!

(*Lauter Akkord, alle beginnen.*)

HAHN.   (*Fragend.*)   Du liebst es ? _

G. BOUNCE.   (*Verdächtig.*)   Er liebt.

KAPITÄN POUNCE.   (*Vertraulich.*)   Wir lieben!

HAHN.   (*Überrascht.*)   Ihr Lieben!

G. KÖNIG.   (*Ekelhaft.*)   Sie lieben!

Meine Liebe *lehnte* dankend ab. Leider ist es wahr,

Könige sind nur Sterbliche, und ich liebe wie dich.

ALLE.   Das Dienstmädchen?

G. KÖNIG. Eine Meerjungfrau. Nein, du solltest nicht anfangen,

Eine Meerjungfrau hat wie ein Kohl ein Herz.

Ich reichte ihr meine Hand; darin der Schlüssel

Das öffnete die Schlösser für die gesamte Staatskasse.

Meine Bergdiamantenminen! mein Gold ! Ich schwärme!

GB   Sie hat es genommen?

G. KÖNIG.   Ja, und warf es in die Welle.

Seitdem, wissen Sie, bin ich keine Anstecknadel mehr wert;

Die felsigen Türen sind verschlossen, ich komme nicht hinein.

Hören. Wenn sie das nächste Mal an Land kommt, werden wir sie beschlagnahmen.

Und bis sie den Schlüssel zurückholt, werde ich sie ärgern.

Hallo! ein Schritt!

(*Alle verstecken sich, R. & L. Enter* PRINCE DOODLE *off Rock R.*)

GEKRITZEL.   Was für ein Spaß! die Meerjungfrauennation,

Ist meiner Meinung nach auch vor kleinen Flirts nicht abgeneigt.

Wir machen weiter.

(*Siehe Tafel.*)

Was ist das! Was haben wir hier?

(*Liest die Mitteilung laut vor.*)

Freude! Freude! Dann ist also mein lange verlorener Bruder in der Nähe.

Er kann nicht weit sein (*ruft*) Hallo! Nudel! Nudel! Nudel!

(*R geht raus und ruft* NOODLE . MONA *kommt in die Mitte , sie zögert, schaut sich um.*)

MONA. Ich frage mich, was aus dem lieben Doodle geworden ist.

(*Kommt herunter. G. King und die anderen folgen ihm heimlich; der G. King hat einen Schleier.*)

Wir spielen Verstecken. Es ist ein bezauberndes Stück.

Wir spielen um Küsse und er lässt mich immer dafür bezahlen.

Ich frage mich, wo er geblieben ist!

(G. KING *wirft einen Schleier über sie, sie schreit .*)

Wir werden Sie verstecken, Fräulein;

Kannst du es dir nicht leisten, einem König einen Kuss zu geben?

(Sie kämpft.)

Es sei denn, du bekommst meinen goldenen Schlüssel so glänzend,

Man kann genauso gut „ta, ta" zur Salzlake sagen.

(Die Szene endet mit einem Blick auf die Hütte der Mühlenmagd.)

SZENE II.
COQUETTINAS COTTAGE.

COQ. So, das reicht, das reicht völlig, mein Lieber.

Oh, Coquettina , du bist ein Flirt, fürchte ich.

Du freches, ungezogenes Mädchen, dass du dich so benimmst.

Ah! Eines Tages wird es Ihnen sehr leid tun, Fräulein.

(Kommt herunter.)

Ich bin sicher, dass es nicht meine Schuld ist. Was kann man tun?

Ich liebe Offiziere, und jetzt habe ich zwei.

Der Kapitän hat nicht unrecht; ein hübsches Gesicht!

Und so eine Uniform! Oh, ich liebe goldene Spitze.

Sein Gehalt ist so gering – es nützt ihm überhaupt nichts.

Aber der General ist so ein lieber – alter Hase.

Er ist eher klein und dick und etwas faul,

Sein Gespräch ist klein; Stil, Mangelhaftigkeit.

Doch wen interessiert das *allgemeine* Gespräch?

Ach, bleib, ich höre ihn schnaufend die Treppe hinauf.

(Setzt sich eilig auf den Stuhl, L., nach hinten und tut so, als würde sie schlafen. Rap an der Tür hören, L., wiederholt zweimal. GENERAL BOUNCE *steckt vorsichtig seinen Kopf ins Zimmer .)*

GB Was, nicht zu Hause! *(Kommt herunter.)*

Diese Salons im Himmel

Sind den Häusern in Soho sehr ähnlich, *so hoch* .

Ich bin außer Atem, und sie ist auch außer Atem, es ist klar,

Ich habe meinen Aufstieg umsonst gehabt. *(Sieht* COQUETTINA .
)

(*kommt auf sie zu*)   Ah, sie ist da!

Meine zierliche Ente! mein Lamm, mein zartes Huhn!

Es lohnt sich, die Kirschen auf diesen Lippen zu pflücken .

Ich muss eins nehmen, auch wenn sie vielleicht raucht und herumstolpert,

Als Mrs. General Bounce wird sie nichts dagegen haben.

(*will sie gerade küssen, sie fährt hoch.*)

COQ. Ah, General! Du bist es?

GB (*verwirrt*)   Ich suche – _

COQ.   Deine *Gicht* ?

Ein *Vorgeschmack* auf etwas Gutes und Schönes,

Ah, *dick?*

Ich sehe, dass es *soweit ist* (*schaut ihn bedeutungsvoll an.*)

Du solltest es besser abbauen,

(*Zeigt auf die Tür.*)

GEN. B. Was für ein Scherz Sie sind! Komm, runzele nicht die Stirn.

Coquettina , meine Liebe nicht zunichte.

Du hast dich letzte Nacht ganz fest auf meinen Arm gestützt.

Sag, dass du mir gehörst, komm, Coquettina , tu es!

Ich bin ein alleinstehender Mann.

COQ.   Du bist groß genug für zwei.

Ich habe nur einen Einwand.

GEN. B.   Was ist das?

Beten Sie, *stützen Sie sich* ein Leben lang auf mich.

COQ.   *Mager!* warum, du bist *fett* !

GEN. B. Nennen Sie mich nicht schlank, sondern sagen Sie, ich bin dralles, rundlich.

Ich bin keine Vogelscheuche, die zum Laufen und Springen geschaffen ist.

Um die *Wahrheit zu sagen* , ich mag es, mich zu entspannen,

Ich bin kein *Skipper mit* einer Ladung *Hefe* .

Oh, dass auch dieses zu feste Fleisch schmelzen würde

Auf weniger als sechzig Zoll um den Gürtel!

COQ. Daran kannst du nichts ändern, *das bist du* .

GEN. B.   Na dann, nehmen wir mal an

Mein *Gewebe* neigt dazu *adipös* .

Mit all dem Gewebe konnte man keine *Pose hinzufügen* .

„ Ich wäre ein *Poser* , wenn ich dich küssen würde."

COQ. Warum was *besitzt* der Mann? Ich würde dich gerne sehen!

GEN. B. Nun, das werden Sie auch tun. Hier geht! (*Er versucht es*

Um sie über die Bühne zu jagen, entkommt sie leicht

ihn. Es klopfte an der Tür.)

COQ.   Oh, mein Gott, oh, mein Gott!

Mama ist zurückgekommen! Schnell, General, kommen Sie hier rein.

(*schiebt ihn in den Schrank, R. Business, er geht nicht gern hinein. Nochmals rappen.*)

Triff mich morgen unter dem verwunschenen Baum.

GENERAL B. Adieu!

COQ.   Bitte geh!

GEN. B.   Dieser Abschied ist so süßer Kummer.

(*Er geht in den Schrank, man hört das Knallen von Glasscherben. Er steckt den Kopf*
wieder heraus.)

Ich habe auf deiner Brille gesessen!

COQ.   Nehmen Sie es einfach.

Meine Abwesenheit *wird* nicht lange dauern.

GEN. B. (*schnüffelt am Schrank herum.*) Ihre *Düfte* sind käsig.

(*Geht in den Schrank. Sie rennt zur Tür und öffnet sie.* CAPTAIN POUNCE TRITT EIN *. Sie macht einen Knicks und schaut sittsam nach unten. Er kommt nach vorne und zwirbelt seinen Schnurrbart.*)

KAPITÄN P. Das ist also der Ort, an dem du lebst, Kind, nicht wahr ?
Du bist hier oben in den Wolken.

COQ.   Ja, Sir, fast.

HAUPTMANN P. (*galant*) Für so einen Chewub ist das ein ziemlich guter Ort.

(*Beiseite.*) Auf mein Wort, ein Vewy freches Gesicht!

(*Schaut aus dem Fenster auf R.*)

Und was für eine Aussicht! Alle Twees und Schafe in Herden,
Und wogende Wellen umhüllten die Bösen Wocks .

(*Sie steht neben ihm, während er die letzten Worte spricht. Er legt den Arm um ihre Taille.*)

COQ. *Das ist* kein „ Wugged" . Wow ." Lass dich davon nicht beunruhigen,
Aber haben Sie so etwas wie ein Ersatz-W?

KAPITÄN T. Oh, mein Gott , Sie sind großartig pwetty .

COQ. Ich danke Ihnen herzlich, Sir.

KAPITÄN P.   Und wirklich witzig.
Ja. Wenn ich einen Ort hätte, an den ich dich krächzen könnte ,
Auf mein Wort würde ich Sie gerne belästigen .

COQ. (*Beiseite*) Der Schatz! Er ist ein Mann, den ein Mädchen lieben kann.

KAPITÄN T. (*blickt auf den Boden*) Ich fürchte, ich habe es jetzt verloren.

COQ.   Dein Herz?

KAPITÄN P.   Mein Handschuh.

(*Lautes Niesen aus dem Schrank.*)

Was ist das?

COQ.   Beim Ingwerbier ist eine Flasche geplatzt.

KAPITÄN P. Es klang sehr wie ein menschlicher Schlag !

(*Raps hörte man an der Tür.*)

COQ. Ah, hier ist Mama! schnell, versteck dich hier, jetzt, sieh!

(*Setzt ihn ins Fass. Geschäft.*)

Triff mich morgen am verwunschenen Baum.

(*Wirft Stoff über das Fass.*)

Ich werde morgen eine Stunde lang so viel Spaß haben.

KAPITÄN P. (*steht auf.*) Schauen Sie, sage ich, dieser Bawwel ist voller
Mehl!

(*Sie rennt auf ihn zu, drängt ihn zurück und zieht die Bettdecke wieder über. Noch
einmal klopfen. Sie geht zur Tür und öffnet sie.*)

(ROOSTER DER KÜHNE *kommt herein , ein großes Bündel Papiere mit Bürokratie
unter dem Arm.*)

ROOS . Miss Coquettina , ist Ihre Mutter da?

(*Zieht eine riesige Uhr aus der Tasche des Anhängers.*)

Ich habe noch zwanzig Minuten Zeit, um zu werben und zu gewinnen.

COQ. Umwerben und gewinnen! Auf mein Wort, das ist lustig!

HAHN. Geschäft ist Geschäft, Miss, und Zeit ist Geld.

Die ganze Nacht beschäftigte ich mich mit Staatsangelegenheiten.

Ich musste den König um halb acht rasieren.

Um neun, um seine Stiefel zu schwärzen und seine Haare zu bürsten.

Um zehn Uhr übernahm ich als Präsident den Vorsitz

Von der Gesellschaft zur Reformierung von Katzen –

RSRC Mit zwölf saß ich bei „Hats".

COQ. Hüte!

ROOS. Ja, und Hutmacher, das war eine viel *diskutierte* Frage.

Um eins aß ich etwas zu Mittag und – Verdauungsstörungen.

Um zwei Uhr musste ich eine Abordnung treffen –

„War es gut für die Nation oder war es nicht?

Dass den Leuten Rindfleisch mit Senf erlaubt sein sollte",

Es war eine ernste Angelegenheit.

COQ.   Warst du nervös?

ROOS. Oh, überhaupt nicht, sagte ich – wenn sie es bekommen könnten.

Um zwei war es los.

COQ.   Also ist es Zeit.

ROOS.   Nun, lass es!

Bis acht – drei Treffen; ein Grundstein.

Dann kleidete er den König für das Abendessen an; hatte mein eigenes.

Kam hierher, um die Frage zu stellen: Willst du heiraten?

Ich muss zurück, um den König ins Bett zu bringen.

Sag ja oder nein.

COQ.   Frag lieber Mama.

(*An der Tür klopfen.*)

Nicht jetzt! Ein anderes Mal!

ROOS.   Ja! Jetzt!

COQ.   NEIN!

ROOS .   Bah!

COQ. Sie könnte wütend sein. Gehen Sie unter den Tisch.

Bitte. Um mich zu verpflichten. (*lauter Rap.*)

ROOS .   Na ja, wenn ich dazu in der Lage bin.

(*Geht unter den Tisch.*) Ich muss gestehen, ich fühle, wie schlecht du mich
behandelst.

COQ. Morgen wirst du mich am verwunschenen Baum treffen.

(*Geht zur Tür und öffnet sie.* G. KING TRITT EIN . *Sie macht einen Knicks. Er
stößt ihr unters Kinn.*)

GNOMENKÖNIG. Nun, Mädchen, dein hübsches Gesicht habe ich schon
lange vermisst.

Ich hoffe, du hast einen Kuss —

COQ. (*Kokett.*)   Es ist immer ein Kuss.

Genau wie ein Mann! Er *vermisst* immer Küsse.

G. KÖNIG. ES IST SEHR SCHWER, DASS EIN MANN SEINE *Mädchen* nicht
küssen kann .

Ich werde Ihren kleinen Kopf abschlagen lassen, Fräulein! Beten

Mach mich nicht wütend! Eins! zwei! drei! Weg!

COQ. Nun, wenn Sie müssen, müssen Sie dann; Nimm es, da!

(*Sie dreht ihm den Kopf zu, als er sie küssen will.*)

Wonach hat es geschmeckt, *eh* Sir?

G. KÖNIG.   *Heu?* NEIN! *Hase!*

COQ. Natürlich! Es ist alles mein eigenes.

G. KÖNIG.   Oh, *Spiel* , das du machst!

COQ. Oh, überhaupt nicht, Sir, *ich* gehe nicht *Heuharken* .

G. KÖNIG. Ein Kuss, den ich bekommen werde!

(*Lauft ihr nach, fängt sie auf und will sie küssen, als an der Tür ein lautes Klopfen zu hören ist.*)

COQ.   Mama!

G. KÖNIG.   Ich würde sie am liebsten erwürgen.

COQ. Liebe mich! Sie ist schrecklich mit dem Küchenpoker!

Sie sollten sich besser verstecken, Sir.

G. KÖNIG.   Wo? (*Läuft zum Schrank.*)

COQ.   Nein, nein! (*Er rennt zum Fass.*)

Nicht dort! (*Er rennt zum Tisch.*)

Ich habe es! Hier! vorgeben, ein Stuhl zu sein.

(*Sie nimmt den Stuhl ab und legt ihn mit ausgestreckten Armen über ihn, so dass er wie ein Stuhl aussieht.*)

Dort! Jetzt sind Sie in Sicherheit und brauchen sich nicht mehr einschüchtern zu lassen.

Triff mich morgen bei dem Baum, in dem es spukt.

(*Geht zur Tür, öffnet sie und schaut hinaus.*)

Was! Niemand hier? wie merkwürdig! Wer kann es sein?

Vielleicht gehe ich besser nach draußen und sehe nach.

(*Geht nach draußen. Die „* FEE DES WALDES *" tritt ein und schließt die Tür.*)

FEE. Ach, Coquettina ! Oh, du ungezogenes Kind!

Trotz allem, was ich gesagt habe, *wirst du* wild sein.

Alles klar, Fräulein, ich habe so eine Rute in der Gurke!

Aber zuerst werde ich diese Herren hier kitzeln.

(*Bläst die Kerze aus. Die Bühne verdunkelt sich. Sie geht zum Schrank und klopft sanft, dann zum Fass, dann zum Tisch, dann zum Stuhl und tritt hinter die Bühne. Alle vier kommen heraus und tappen im Dunkeln und meiden einander. Sie sprich im Flüsterton.*)

GENERAL B. Hier, Coquettina !

KAPITÄN T.   Am allerliebsten !

HAHN.   Wo bist du?

KÖNIG. Komm in meine Arme, meine Kokette , tu es!

(*Sie stellen sich alle in einen Kreis vor der Bühne, jeder hält eine Hand des anderen. Die Fee lacht, klatscht in die Hände, und die Feen kommen herein, mit Laternen an der Spitze ihrer Zauberstäbe. Die Bühne wird beleuchtet. Kurzer Vorhang.*)

SZENE III.
DER WALD DELL.

Verwunschener Baum C. auf der Rückseite. Ein großer Felsen rechts vom Baum, auf dem NOODLE *sitzt.*

NUDEL , (*Niesen.*)

Ich habe eine schreckliche Erkältung. Meine Frau und Bs

Sind alle durcheinander, ebenso meine Ls und Ds.

Dieser Zwergenkönig dort, oh , ist er nicht eine Schönheit!

Denn, sagte er, ich sei vor dem Dienst davongelaufen.

Hat mich durch einen Zauber an diesen Stein gebunden,

Und seitdem lässt er mich allein.

(*Nimmt die Flasche aus der Tasche.*)

Als ich neulich durch den Sand spazierte,

Ich habe es gefunden. BRANDY bedeutet Brandy.

Es ist nicht schlecht, aber wie kam es hierher?

Es hat einen Schiffbruch gegeben, das ist ganz klar.

Das Land ist auch voller Gänse, das ist absurd!

Wo auch immer ich mich umdrehte, ich fand einen Vogel,

Alle gekleidet in Matrosenjacken, Mützen und so,

Mit Spionagegläsern, die unter ihren Flügeln stecken.

(MONA L. *tritt rennend auf.*)

MONA. So, ich bin ihnen entkommen! Jetzt das Ufer finden,

Ich glaube nicht, dass sie mich noch mehr erwischen werden .

(*Bewegt sich auf den Baum zu.*)

Es muss so sein , ich kann das Meer riechen.

Ah! Wer sind Sie, mein Herr, unter diesem alten Baum?

NEIN . Fürchte dich nicht, schöne Magd, ich kann dir nichts tun;

Diese *Töne , die an diesen Stein geklebt sind* , brauchen Sie nicht zu beunruhigen.

Ich kann nicht aufstehen (*versucht aufzustehen* .)

MONA.   Warum nicht?

NEIN .   Der Gnom hat mich gefesselt.

MONA. Du hast eine Geschichte. Sag mir.

NEIN .   Setz dich neben mich.

(MONA *sitzt auf dem Felsen auf der anderen Seite des Baumes.*)

Vor langer Zeit war ich ein Junge.

MONA.   Wie merkwürdig!

NEIN . Ein kleiner kleiner Junge, so groß.

MONA.   Ein Wechsel!

NEIN . Ich hatte einen Onkel und ich *war* ein Prinz.

Mein Vater ist gestorben. *Er* bestieg den Thron.

(MONA *fängt an*) Du zuckst.

MONA. Oh, überhaupt nicht. Mach weiter! Ich habe eine Geschichte gehört.

So wie deines zuvor. Es ist einem Wal sehr ähnlich.

NEIN . Mein Schwanz! Da steckt noch mehr dahinter. Dann hat er *mich ergriffen*

Und verschiffte mich, einen kleinen Jungen, aufs Meer.

Viele Jahre lang bin ich als Seemann umhergewandert,

Und habe mir mein Salz als Koch an Bord eines Walfängers verdient.

Schiffbruch erlitten an diesem äußerst unfreundlichen Ufer,

Ich habe zehn oder mehr Jahre lang ein erbärmliches Leben geführt.

Die Puppen, die dort unten leben,

Hat mich mitgenommen und mich in einer Show zum Riesen gemacht:

„Geh hinauf! geh hoch! Ich fange gerade erst an.“

(*imitiert Showman.*)

Das ist es, was sie immer sagten, um Leute hereinzubringen –

„Dieser Riese ist ganz echt, hier gibt es kein Sägemehl!“

MONA. Sie haben dich zu einem Riesen gemacht, oder? Das war seltsam.

NEIN . „Es gibt keine Täuschung, meine Herren! keine Pads oder Stroh!“

Und dann zwickten sie mich in die Beine, damit ich brüllte.

Steck mir Nadeln in die Waden.

MONA.   Oh, das war grausam.

NEIN . Und wenn ich nicht handeln würde, würden sie meinen Brei
stoppen.

Nun, jetzt bin ich der Armee beigetreten und diene der Nation.

Das bedeutet lange Drills, steife Halsbänder und Hungern.

Ich werde ein Floß oder Boot bauen und wegkommen,

So sicher , wie mein Name Noodle ist, Fräulein, eines Tages.

MONA. Welcher Name?

NEIN .   Warum, Nudel.

MONA.   Nudel?

NEIN .   Warum nicht Nudel?

MONA. Du hast einen Bruder?

NEIN .   Sein Name ist Doodle.

(*versucht aufzustehen.*)

Sag mal, hast du ihn gesehen? Ist mein Bruder hier?

MONA. Er ist.

NEIN . 	Und ich kann meinen steinernen „ *Jubel* "nicht loslassen .

MONA. Ich werde gehen und ihn suchen. (*Ausgang R.*)

NEIN . 	Bleiben! Sie ist weg. Was ein Spaß!
Ich habe meinen Bruder seit meiner Kindheit nicht mehr gesehen.

(DOODLE *tritt eilig auf, L.*)

GEKRITZEL. Ich habe meine Meerjungfrau verloren! (*Sieht* NUDEL .) Ha!
Bete, wer bist du?

NEIN . (*Beiseite.*) Ist das mein Bruder? Ist Ihr Name, Sir, Doo-?

DOO. Es ist Nudel! (*Will auf ihn zustürmen, bleibt aber plötzlich stehen.*)
Komm aber, das geht nicht, sage ich,
Wir dürfen die Dinge nicht so einfach angehen.
Obwohl wir vielleicht dieselbe Tante hatten.
Vielleicht, Sir, gibt es noch einen anderen „Anspruchssteller".
Ich möchte eine Frage stellen.

NEIN . 	Fragen Sie ein Dutzend.

DOO. Bitte, hatte Ihre Krankenschwester, Sir, bei der Garde einen
„Cousin"?

NEIN . Es ist seltsam, aber wahr.

DOO. Es ist gut! Als du dazu in der Lage warst
Du hast deinen armen alten Papa unter dem Tisch getreten?

(NUDEL *nickt.*)

Sag mal, hast du einmal, auf dem Schoß deiner Krankenschwester,
Durch Zufall einen Teelöffel Brei kentern lassen?

NEIN . Ich tat! Ich tat! Der Umstand Pecoolia ,

Jetzt erinnere ich mich daran. Ihr Name war Julia.

DOO. Hat Ihnen Zucker auf Ihrem Brot und Ihrer Butter gefallen?

(NUDEL *nickt.*)

Haben Sie in der Gosse Murmeln gespielt?

NEIN . Ich muss es gestehen.

DOO.   Jetzt denke ich darüber nach.
Hattest du einmal ein hüpfendes B. in deiner Motorhaube.

NEIN . Ich hatte! Ich habe! Tatsächlich, während ich lebe,

Nicht nur eine Biene, sondern ein perfekter Bienenstock.

DOO. Haben Sie auf Ihrem linken Arm einen Erdbeerfleck?

NEIN . Ein perfektes Bett! Man würde sie im Dunkeln sehen.

Das ist er! Das ist er! Meine Gefühle kann ich nicht unterdrücken;

Komm in meine Arme, mein längst verlorener Bruder!

(NUDEL *versucht aufzustehen, schafft es aber nicht.*)

Warum stehst du nicht auf?

NEIN . Ich kann nicht, der Gnomenkönig hat mich gefesselt.

Ich wäre hier unten gestorben, wenn du mich nicht gefunden hättest.

DOO. Was ist zu tun? (*Der Baumstamm öffnet sich und entdeckt die* FEE DES
WALDES .)

FEE.   Besprenge ihn dreimal, besprenge ihn dreimal,

Mit dem Wasser, das rieselt

Und Rinnsal und Rinnsal

Runter vom Berg

Hier zum Brunnen.

Streuen Sie und sagen Sie:

Eins, zwei, drei und weg,

Eins, zwei, drei und weg.

(*Baumstamm schließt sich wieder.*)

DOO.   Ah, hier ist der Brunnen, schau!

(*R. rennt davon und kommt mit Wasser in der Handfläche zurück. Wirft es über*
NUDEL *.*)

Eins, zwei, drei und weg! (NUDEL *springt auf. Er hinkt. Die Brüder umarmen*
sich.)

NEIN .   Ich bin steif wie dieser alte Baum.

MONA R. *tritt auf und trägt einen großen goldenen Schlüssel .*

MONA. Sie haben ihn gefunden, sehen Sie! Schau hier! Ich habe diesen
Schlüssel mitgebracht,

Schlüssel zum Diamantenberg. Kommen! sei schnell:

Wir werden dem lieben alten Zwerg da einen Streich spielen.

DOO. Wir bauen ein Floß; Fülle jeden Sack mit Diamanten;

Setzen Sie die Segel, bevor er es weiß –

NEIN .   Und nicht zurückkommen.

Aber wo ist deine Crew?

DOO.   Meine Crew? Oh, da ist das Problem,

Ich habe keine Mannschaft, die eine Wanne steuern kann.

Eine Gruppe Gänse! (*Der Baumstamm öffnet sich und zeigt* DIE WALDFEE *.*)

FEE.   Dreimal bestreuen, dreimal bestreuen.

Und Ihre Gänse im Handumdrehen

Wird verschwinden und auf dem Land,

Vierundvierzig Matrosen stehen.

(*Baumstamm schließt sich.*)

DOO. Ein Freund in Not ist tatsächlich ein Freund, sagt man. Frau, wir danken Ihnen. Kommt, Freunde, lasst uns gehen.

NEIN . Lass uns auf den Berg gehen; Da werden wir unsere Säcke füllen. Und werde von einer schrecklichen *Krankheit* glücklich .

(*Exeunt, R., Baumstamm öffnet sich.* DIE WALDFEE *steigt herab und kommt nach vorne.*)

FEE. So weit, ist es gut. Diese Gefangenen erregten mein Mitleid,

Und Maiden Mona ist so gut und hübsch.

Ich hasse diesen Gnom; er ist so zäh und herb. (*schaut weg.*)

Hier ist die freche Coquettina und ihre Party.

Ich werde sie alle mit magischem Wasser besprengen,

Und wo sie stehen, bleiben sie, bis ich rufe.

(*Sie kehrt in den Baum zurück, der sich schließt.* L. COQUETTINA TRITT *eilig ein. Sie blickt zurück, als sie eintritt.*)

COQ. Was für ein Spaß! Sie kommen hier alle zusammen.

Ich werde mich hinter diesem Baum verstecken. (*Der Koffer öffnet sich,* DIE FEE *erscheint und besprengt sie. Sie bleibt sofort stehen.*)

FEE. **Das** wirst du nicht, meine Liebe.

(*Der Kofferraum schließt sich.* R. *und* L. *kommen herein.* KING , ROOSTER , GENERAL BOUNCE *und* CAPT. POUNCE. *Verschiedene Auftritte. Leise Musik und Stakkato. Als sie sich in die Mitte bewegen , sehen sie einander.*)

ALLE. Hallo!

(*Die Fee erscheint; sie besprengt sie. Sie bleiben stehen und jeder behält die Position des Augenblicks bei, Limettenlicht. Die Szene schließt mit der Höhle ab, genau wie Szene 1, nur mit der Öffnung hinten geschlossen . Mehrere Matrosen überqueren die Bühne von links nach rechts ., tragen Säcke auf dem Rücken.* NOODLE *und* DOODLE *bilden die Schlusslichter, jeder trägt einen Sack. Sie kommen vorne.*)

DOO. Dort! Das ist das Letzte, das Floß kann nicht mehr tragen.

Und nun setze die Segel und verlasse dieses unfreundliche Ufer.

Wo ist Mona?   (MONA , *R. tritt auf*)

MONA.   Hier. Bitte, Liebes, bevor wir gehen,

Ich möchte mich von den unten aufgeführten Freunden verabschieden.

DOO. Ich bin kein Fisch!

MONA.   Es ist ganz einfach gemacht,

Wir werden diese Höhle im Meer versenken.

(*Auftreten:* L. KING , ROOSTER , GENERAL BOUNCE , CAPT. POUNCE ,
COQUETTINA .)

G. KÖNIG. Kümmern Sie sich um Ihre eigenen Angelegenheiten, Miss,
lassen Sie meine in Ruhe.

Ich habe einen Zauber, der euch alle in Stein verwandeln wird.

(*Führt Pässe in der Luft aus. L.* FAIRY TRITT AUF .)

FEE. Wenn du nicht brav bist, bekommst du noch einen Streusel.

G. KÖNIG. Ich wäre lieber ein Hummer oder eine Strandschnecke.

MONA. Dann ist hier Ihr Schlüssel. Denken Sie daran, seien Sie nicht
grausam.

NEIN . Und füttere deine Armee. Gib deinen Riesen Brei.

MONA. Wir gehen runter. Spürst du die Bewegung?

DOO.   Also!

Es ist so einfach wie ein Aufzug in einem Hotel.

(*Alle machen einen leichten Sprung, als ob der Boden erreicht wäre.*)

MONA. Wir sind endlich da. Lassen Sie nun das Wasser hinein.

Haben Sie keine Angst, Sie werden Ihre Haut nicht nass machen.

(*Die Szene hinten und an den Seiten öffnet sich allmählich zu sanfter Musik und zeigt
die*)

MEERJUNGFRAUEN-SPUK.

(CORALINA *steigt hinten in einem Korallenwagen hinab. Meerjungfrauen R. und L.*)

KOKETTE . Das ist mein Zuhause. Auf Wiedersehen, liebe Freunde, heute Abend,

Und vergessen Sie Ihre kleine Meerjungfrau nicht ganz .

FEE DES WALDES. Der Meeresgrund! Es ist wie ein Traum.

COQ. Hier unten gibt es keine Gesellschaft.

MONA.   Die Creme.

COQ. Vielleicht ist es vereist. Ich bin mir sicher, dass es sehr kalt ist.

GENERAL BOUNCE. Es ist natürlich alles *kalte Sahne , du kleiner Dummkopf!*

MONA. Ich hoffe, Sie sind alle zufrieden.

NUDEL.   Nun, ich weiß es nicht .

Arme Kokette hier –

GEKRITZEL.   Bitte, wo ist ihr Freund?

(*Coquettina dreht sich zu* CAPTAIN POUNCE UM .)

KAPITÄN P. Ah! Wohl Sau ! Das geht nicht, fürchte ich,

Wenn mein Vorgesetzter hier ist.

(*Sie wendet sich an* GENERAL BOUNCE .)

GENERAL B. Na ja! Saum! Die unangenehmste Situation ist,

Aber was die Ehe angeht! – derzeit nicht.

Unser Freund hier wird Ihnen gerne nachkommen. Komm, Hahn, sag!

(*Sie wendet sich an* HAHN .)

HAHN. Zu beschäftigt jetzt. Bitte rufen Sie uns an einem anderen Tag an.

COQ. Oh! sehr gut! Ich bin mir sicher, dass es mir egal ist.

Ich werde dem „Ladies Club" beitreten. Da sind keine Männer!

G. KÖNIG. Für all das ist ein Gnom *un homme* . Hier ist mein *Schlüssel* .

C. flat kommt oft unterhalb des *C vor* .

Eines weiß ich, wenn ich einmal oben bin,

Kein Mensch soll sagen, der Gnom sei verliebt.

GENERAL B. Die Pflicht eines Soldaten besteht in Exerzitien und Ruhm.

Aber was die Liebe angeht, nun, das ist eine andere Geschichte.

KAPITÄN P. Nun gut ! Take Things Easy ist mein Motto:

Aber Lust darauf, hier in einem Gwotto Garnelen zu fangen !

(*Tut vor, eine vorbeischwimmende Garnele zu fangen.*)

GEKRITZEL. (*Legt seinen Arm um Monas Taille.*)

Obwohl seltsam, halte ich das Herz einer Meerjungfrau in der Hand!

Meine Gänse werden zu Matrosen; da stehen sie.

Wir haben die Diamantenmine gefunden –

NEIN .   Und füllte jeden Sack.

DOO. Und was Onkel betrifft (*Mantelmanschetten hochschlagen.*)

NEIN .   Warte, bis wir zurückkommen!

MONA. Da nun endlich alles Falsche wieder in Ordnung gebracht wird,

Wir wünschen euch allen nur eine gute Nacht.

(*Rote und grüne Lichter.*)

CORALINA .

FEE DES WALDES.

ALLGEMEINER SPRUNG.   KAPITÄN POUNCE.

GNOMENKÖNIG.   HAHN.

MONA.   KOKETTE .

GEKRITZEL.   NUDEL.

Vorhang.

- 34 -